JOACHIM DU BELLAY

JUSTIFICATION DU TIRAGE

———

3oo exemplaires sur papier vergé.

10   —   sur papier Whatman.

10   —   sur papier de couleur.

Les exemplaires sur papier Whatman et de couleur sont numérotés.

———

Vieux château de la Turmelière

Imp. A. Durand - Paris.

LÉON SÉCHÉ

JOACHIM DU BELLAY

LE PETIT LYRÉ.
ANGEVINS ET BRETONS DE LA LOIRE.
ORIGINE ET GÉNÉALOGIE DE LA FAMILLE DU BELLAY.
DESCRIPTION DE L'ANCIEN MANOIR DU POÈTE.
LES RUINES DU CHATEAU DE LA TURMELIÈRE.
NOTICE BIO - BIBLIOGRAPHIQUE.
HUIT SONNETS NOUVEAUX.

DOCUMENTS NOUVEAUX ET INÉDITS

EAUX - FORTES PAR PIERRE VIDAL

PARIS
LIBRAIRIE ACADÉMIQUE DIDIER ET Cie
35, Quai des Augustins, 35

1880

SONNET-DÉDICACE

A

M. Charles THOINNET de la TURMELIÈRE

DÉPUTÉ

Heureux qui, comme vous, possède et s'en fait gloire
Le château qu'un poète illustre a célébré,
Et qui, de son petit village de Liré,
Peut voir se dérouler le ruban bleu du Loyre !

Ce cher petit Liré, de si douce mémoire,
C'est là que du Bellay devrait être enterré,
Puisque, toute sa vie, il l'avait désiré,
Et que, sans lui, Liré n'eût jamais eu d'histoire !

Hélas ! qui pourrait dire où sont ses ossements ?
La chronique prétend qu'il dort à Notre-Dame,
Moi, je gagerais bien que depuis trois cents ans,

Poète abandonné qui de vous se réclame —
Il erre désolé sous vos bois, dans les champs
Où, faute de son corps, il a laissé son âme !

Léon SÉCHÉ.

Paris, 3o juillet 1879.

1

Imp. A. Durand – Paris.

JOACHIM DU BELLAY

I

LE PETIT LIRÉ. — ANGEVINS ET BRETONS DE LA LOIRE

> Et je pensais aussi ce que pensait Ulysse,
> Qu'il n'estoit rien plus doux que voir encor' un jour
> Fumer sa cheminée et après long séjour
> Se retrouver au sein de sa terre nourrice.
>
> (*Les Regrets*, sonnet LXe.)

Tous les biographes de Joachim du Bellay s'accordent, sur la foi de ses vers, à le faire naître à Liré, mais aucun d'eux ne semble s'être rendu compte de la position géographique de ce petit bourg d'Anjou. On va en pèlerinage aux Charmettes, à la fontaine de Vaucluse, à Ferney, mais on dédaigne le petit village de Joachim du Bellay.

Pourquoi? peut-être parce qu'il a plu un jour à Sainte-Beuve d'écrire dans son *Tableau de la poésie française au XVIe siècle,* « qu'il n'y avait pas de restes authentiques de l'ancien manoir du poète, et que tout ce que l'on savait de lui, à Liré, c'est qu'un grand homme y avait vécu jadis (1) ». C'est pourtant ainsi que se font les légendes. Je me demande où Sainte-Beuve avait puisé ces renseignements. M. Becq de Fouquières, qui, évidemment, s'en est rapporté au critique des *Lundis,* place Liré aux environs d'Angers (2). Pourquoi pas aux environs de Nantes? Liré est à douze lieues d'Angers, comme le fait remarquer Sainte-Beuve et après lui M. Marty-Laveaux dans sa belle édition des œuvres françaises du poète angevin (3), tandis qu'il n'est qu'à dix heures de Nantes.

Il me semble que Sainte-Beuve, d'ordinaire si précis dans les plus petits détails, aurait pu trouver entre Angers et Nantes, s'il s'était donné la peine de consulter la carte de la Loire, une ville assez importante et assez voisine de Liré pour y rattacher ce petit bourg.

Ancenis était désignée d'avance, puisqu'elle n'est qu'à un demi-kilomètre de Liré et que les du Bellay, seigneurs de Liré, partageaient autrefois le droit de péage et de pontonnage sur la Loire avec les barons d'Ancenis.

M. Marty-Laveaux et les autres biographes de Joachim du Bellay diront peut-être que le poète n'a jamais parlé d'Ancenis dans ses vers, et que sans cesse

(1) Edition Charpentier, 1869, page 353.
(2) Œuvres choisies de Joachim du Bellay, Charpentier, éditeur.
(3) *La pléiade,* collection Lemerre.

au contraire, le nom d'Angers lui vient à la bouche.
Cela est vrai, mais s'est-on demandé pourquoi ? La vie
du poète reflète souvent la vie d'un peuple aussi fidèlement que le fleuve reflète l'ombre de ses bords. Quand
on a vécu sur les rives de la Loire et que l'on connaît
l'histoire d'Ancenis, on s'explique sans peine l'oubli —
volontaire ou non — du poète angevin. La Bretagne
et l'Anjou ont toujours été plutôt rivales qu'amies.
Même pendant la guerre de Vendée où cependant elles
soutenaient une cause qui leur était également chère,
elles ne purent faire taire tout à fait leurs ressenti-
ments, et c'est une des raisons qui précipitèrent la fin
désastreuse de leur campagne contre la République.

Séparées entre Ancenis et Liré par les eaux de la
Loire, elles eurent le malheur de servir trop tard des
intérêts politiques adverses. L'homme élargit en quelque sorte le fossé de la nature. L'Anjou était depuis
longtemps déjà réunie à la France que la Bretagne et
tout particulièrement Ancenis qui en était la clé se
débattaient encore sous le joug de l'étranger. On com-
prend donc que du Bellay ait omis, en parlant de son
petit Liré et de son Loyre gaulois de prononcer le
nom d'une terre qui n'était française que d'hier et dont
les ducs et les barons avaient guerroyé si longtemps
contre la maison ducale d'Anjou. Et d'ailleurs le poète
était de ceux qui mettent la France au-dessus des que-
relles et des jalousies de clocher ; l'amour du pays
natal ne lui suffisait pas ; il avait besoin, pour satisfaire
son âme ardente, de cette chose indéfinissable et
sublime à laquelle il avait le premier donné le nom de
patrie ! Aussi, quand il écrit de Rome à Ronsard, à

Morel ou à Magny, son premier regret est-il toujours
pour la France.

> Je me pourméine seul sur la rive latine,
> La France regrettant, et regrettant encor
> Mes antiques amis, mon plus riche thrésor
> Et le plaisant séjour de ma terre angevine (1).

Chez un angevin du seizième siècle, cet amour élevé
de la terre française, du drapeau national est d'autant
plus beau et plus digne d'admiration que les Angevins
et les Bretons ont toujours passé — et à juste titre —
pour être plus attachés à leur province, à leur village,
au toit paternel qu'à la patrie proprement dite. Cet
attachement nostalgique est le signe distinctif de cette
forte race et je doute qu'il s'affaiblisse de sitôt.

Aujourd'hui encore, s'il vous arrive de rencontrer à
l'étranger un enfant de la Bretagne ou de l'Anjou et de
lui demander de quel pays il est, il vous répondra neuf
fois sur dix qu'il est Breton ou Angevin.

Il y a quelques années, lorsqu'on supprima la sous-
préfecture de Beaupréau, il avait été question d'an-
nexer à l'arrondissement d'Ancenis tout le littoral de la
Loire, de Saint-Florent à Champtoceaux, qui fait partie actuellement de l'arrondissement de Cholet.

Cholet étant perdu au milieu des terres et à une
dizaine de lieues de la Loire, on croyait rendre service
aux habitants de la rive gauche en les rattachant à la
sous-préfecture d'Ancenis qui commande la rive droite
du fleuve.

(1) *Les Regrets*, sonnet XIXe.

Les Angevins n'entendirent pas de cette oreille-là. C'était les dépayser, les déclasser, que d'en faire des Bretons et encore des Sots-Bretons (1). Ils préféraient perdre deux et trois journées de leur temps, chaque fois que leurs affaires les appelleraient à Cholet plutôt que de les économiser en venant à Ancenis. Ils étaient nés en Vendée et voulaient mourir en Vendée (2). Bref, il y eut une véritable panique dans les bourgades menacées de l'annexion.

Liré, Drain, Bouzillé, Champtoceaux, s'étaient déjà conjurés contre Ancenis. Il n'y eut pas de prise d'armes, mais le beurre et les œufs faillirent manquer sur le marché de cette ville. Heureusement qu'on abandonna ce projet. Tout cela vous donne une idée des préventions et des rivalités de race et de clocher qui existent entre les riverains du fleuve. C'est même étonnant comme des deux côtés de la Loire, à une portée de fusil, on se ressemble peu.

Liré envoie ses jolies filles vendre son beurre frais à Ancenis, deux fois par semaine, et cependant on ne voit aucun gars d'Ancenis leur faire la cour. Il y aurait comme une mésalliance pour un Breton à épouser une Angevine, et *vice versâ*. On respire le même air, on se mire dans les mêmes eaux, mais le caractère est tout différent; on boit le même vin, ce petit muscadet qui

---

(1) On donne le nom de Sots-Bretons aux habitants de la Loire-Inférieure et spécialement aux riverains du fleuve.

(2) Depuis la guerre de Vendée, on a continué à donner le nom de Vendée à la partie de l'Anjou qui borde la Loire. Aller d'Ancenis à Liré, c'est aller en Vendée.

vous met la tête si près du bonnet, mais on ne chante
pas les mêmes chansons..

Les deux pays ne se distinguent guère, d'ailleurs,
que par [la coiffure des femmes. Les filles d'Anceni
portent le serre-tête et celles de Liré le bergot. Le bergot est long et quelque peu pointu, à la façon des coif-
fes normandes. Le serre-tête est un petit bonnet de
deux sous qui, posé sur la nuque, donne à la figure
encadrée de bandeaux un petit air coquet que le bergot
n'a pas ; mais les filles d'Ancenis deviennent chaque
jour plus infidèles à leur coiffure si gentille. Elles ont
commencé par l'enguirlander de marguerites et de ru-
bans tressés, et puis, trouvant sans doute que les fleurs
ne leur allaient pas mal, elles ont planté là peu à peu
leurs mignons serre-tête, les unes pour adopter cet
affreux bonnet de linge qui papillotte sur toutes les
têtes des bonnes de Paris, les autres pour coiffer cet
horrible chapeau bourgeois qui varie entre la capote et
le parapluie chinois, et a cet avantage d'être toujours à
la mode de l'année dernière. Seules, les femmes du
peuple, les mères de famille ont gardé la dormeuse
héréditaire. C'est tout ce qui restera demain de la coiffure du temps passé.

Comme caractère, il y a peu de ressemblance entre
les deux rives. Les allures sont paisibles et nonchalan-
tes sur la rive droite, mais, comme on dit, il ne faut
pas se fier à l'eau qui dort. Les Bretons d'Ancenis ont
plutôt « l'air marin que la doulceur angevine, » et, sous
leur enveloppe lourde, ils cachent une grande agilité.
L'œil rumine le plus souvent, mais un rien l'allume;
ils sont sensibles jusqu'à l'excès, et, quand on les

blesse, ils frappent dur et dru, les femmes de la langue
les hommes du poing. Du reste, ils n'ont pas de ran-
cune et secourent volontiers leur prochain.

Les Angevins sont plus mielleux et sentent plus la
culture. Ils sont plus fins, mais moins francs peut-être.
Chez eux le regard est plus mobile et plus doux; ils
causent davantage et sont plus hospitaliers ou du
moins plus affables. Leur huche est ouverte à tout venant. Cela vient sans doute de ce qu'ils ont plus d'aisance. Les Angevins sont un peuple de vignerons, les
Bretons sont un peuple d'ouvriers. Les uns possèdent
ce qu'ils cultivent, les autres travaillent à la semaine
pour le compte d'autrui. — Différence de vie et de
mœurs. — Ce qu'ils ont de commun c'est la supersti-
tion. Pas de danger que des deux côtés du fleuve on
entame jamais un pain sans lui faire une croix sur le
dos, ou qu'on le couche sur le ventre; vous ne verrez
jamais sur une table la fourchette et la cuiller posées
en croix; malheur à qui renverse la poivrière! malheur à qui fait la lessive le Vendredi-Saint! tout drap
de lit blanchi ce jour-là devient un suaire dans le courant de l'année. Le travail commencé le samedi ne vaut
rien; un jour entre deux fêtes n'enrichit ni compagnon
ni maître. Ils sont buttés là-dessus comme sur une
vérité de l'Evangile, et il ne faudrait pas les en plai-
santer.

Voilà pour les mœurs. Il y a encore une pétite différence de prononciation. Les Bretons accentuent davantage leurs mots et font sonner le *t* final, c'est ainsi
qu'ils disent : un *pott*, du *laitt*, un *sabott*, pour un *pô*,
du *lé*, un *sabô* ; ils traînent leurs phrases comme leurs

personnes et chantonnent en parlant. Dans les mots où deux voyelles se rencontrent, ils mouillent générale-ment la première ; ils diront par exemple *Leillon* pour Léon ; *Liards* pour *Léards* (petit port de Liré).

Les Angevins ont bien un peu de ces défauts, mais c'est moins apparent. Chose curieuse, des deux côtés de la Loire on semble affectionner certains mots qu'on trouve surtout au XVIe siècle dans Joachim du Bellay.

On dira d'un toit qui croule, qu'il *cheut ;* d'une chose qu'on va chercher, qu'on va la *qu'rir* ; qu'un homme est *mal en poinct* pour laisser entendre qu'il est en mauvaise santé ; qu'on *remasche* une histoire, pour dire qu'on la repasse en son esprit ; qu'on *espère* quel-qu'un, pour signifier qu'on l'*attend* (1).

Il en est des langues comme des champs de blé : on a beau trier le bon grain, il s'y mêle toujours des her-bes parasites.

(1) Voir plus loin les termes et locutions du XVIe siècle en usage sur les bords de la Loire.

II

LE CHATEAU DE LA TURMELIÈRE. — ORIGINES DE
LA FAMILLE DU BELLAY. — GÉNÉALOGIE DE LA
FAMILLE. — LES RUINES DU MANOIR DU POÈTE.

Cela dit, je me hâte de vous conduire « au plaisant
séjour » de Joachim du Bellay.

Jadis on y arrivait par un dédale de petits chemins de
traverse, bordés de mûriers sauvages et de pruneliers,
que les vignerons avaient dessinés en zigzag le long de
leurs clos de vignes ; aujourd'hui le poète des *Regrets*
pourrait s'y rendre en voiture par la route départe-
mentale. Cette route traverse dans toute sa longueur
le bourg de Liré, — joli petit bourg qui se précipite du
haut en bas de la colline où il est étagé jusqu'au port
des Léards où s'abîmèrent sous les boulets de Wester-
mann les débris de l'armée vendéenne, — et, le bourg
passé, elle se divise en plusieurs bras. Là, vous tournez
bride à droite et vous arrivez, au bout d'une demi-
heure, devant le château de la Turmelière, ancien manoir de Joachim du Bellay ; car, quoi qu'en ait dit Sainte-
Beuve, il y en a des ruines authentiques, et si personne
ne se souvient *d'un grand homme qui y vécut jadis*, il

n'en est pas moins certain que Joachim du Bellay est né au manoir de la Turmelière.

La famille du Bellay tire son nom comme son origine de la terre seigneuriale et du château du Bellay, situés commune d'Allonnes - sous - Montsoreau (Maine - et - Loire). Déjà considérable au XIIIe siècle, elle devint célèbre au XVIe par le cardinal du Bellay et surtout par notre poète. Joachim du Bellay était le fils cadet de Jehan du Bellay, seigneur de Gonnor, qui devint seigneur de Liré et de la Turmelière par son mariage avec Renée Chabot, dame des dits lieux.

Le fief de Liré, seigneurie de paroisse, avait été, avant la naissance de Joachim, réuni au fief de la Turmelière qui était devenu le château seigneurial. C'est donc dans ce château qu'est né notre poète, et, comme il est situé dans la paroisse de Liré et que le nom de cette seigneurie était toujours joint à celui de la Turmelière en le précédant, on a pu dire en toute vérité qu'il était né à Liré, puisqu'il avait vu le jour au nouveau chef-lieu du fief de Liré.

Du reste, les archives conservées au château de la Turmelière donnent la suite, sans la moindre lacune, des anciens propriétaires et seigneurs de ces deux grands fiefs, ainsi que le mode de leur transmission.

Jusqu'au milieu du XVe siècle, ils appartiennent à la famille d'Avoir.

En 1435, Perceval-Chabot en hérite par alliance.

En 1462, ils passent aux mains de Jehan Chabot.

En 1521, Jehan du Bellay, père de Joachim du Bellay, en devient le seigneur et maître, par suite de son mariage avec Renée Chabot, dame de Liré et de la Turmelière.

A la mort de Joachim du Bellay, ce domaine seigneurial revient à Catherine du Bellay, la nièce du poète, qui épouse, en 1590, Christophe du Breil, qui, lui-même, a deux fils, Claude et Georges du Breil. Ce dernier devint propriétaire des deux fiefs en 1634.

En 1664, Jehan de la Bourdonnaie, chevalier, seigneur de Braz, épouse Marie du Breil, nièce de Georges du Breil, qui lui apporte en dot les biens de Liré et de la Turmelière.

En 1792, nous les trouvons aux mains de François de la Bourdonnaie.

Enfin le 25 janvier 1772, Charles Bertrand de la Bourdonnaie, chevalier, ancien officier de gendarmerie, les cède à Pierre Thoinnet, écuyer, conseiller, secrétaire du roy au parlement de Bretagne, bisaïeul de M. Charles Thoinnet de la Turmelière, député, ancien chambellan de Napoléon III, lequel en est propriétaire aujourd'hui.

Comme on vient de le voir par l'enchaînement des successions et la généalogie des familles, il n'est pas douteux que la château de la Turmelière ait appartenu à Joachim du Bellay et qu'il y soit né.

Ce château construit à deux cents mètres de la route, se dérobe aux regards derrière un magnifique rideau de verdure, et, n'était le calvaire rustique qui s'élève à l'entrée du parc, il passerait inaperçu. De ce calvaire, simple croix de bois dressée sur un autel de pierres, le coup d'œil est véritablement magique. La colline dont il occupe la crête, s'incline doucement, amoureusement jusqu'à la Loire et permet au regard d'embrasser la vallée dans toute son étendue et de fouiller les plus petits accidents du terrain. Plus de forêts, comme autrefois,

> Qui leurs chevelures vives
> Haussent autour de ses rives (1).

Le fleuve n'a qu'une légère bordure de saules et de peupliers, peu d'ombre par conséquent. Çà et là, quelque flèche d'église émerge d'un bouquet d'arbres, ou, sur un mamelon découvert, quelque moulin à vent fait tourner ses grands bras dans le ciel.

Ancenis occupe le centre de ce vaste paysage qu'elle égaie avec la mosaïque de ses toits, mosaïque de trois couleurs dans laquelle le bleu de « l'ardoise fine » se marie au rouge de la brique et à la neige aveuglante de la chaux. C'est la seule tache éclatante que la main des hommes ait répandue sur le tapis vert de ce riant vallon. Ancenis ressemble à une bacchante qui, fatiguée de la vendange, viendrait se laver les pieds dans le fleuve ; c'est dans le lac que je devrais dire, car les eaux de la Loire sont tellement calmes en cet endroit qu'elles paraissent dormir ; c'est à peine si le courant peut emporter la *toue* légère du pêcheur, et, le soir venu, les étoiles doivent se demander quel est cet autre ciel qui leur sourit au fond de l'eau.

Il va sans dire que ce tableau n'est pas le portrait du fleuve, hors de son lit. Alors il est méconnaissable. Ce n'est plus le miroir tranquille, encadré de verdure ; c'est une mer furieuse, couleur de lessive, qui se préci-

(1) *Les louanges d'Anjou.*

pite avec la rapidité et le bruit des torrents. Ce qu'il caressait hier, il l'arrache aujourd'hui. Les jetées et les digues, rien ne l'arrête; il monte, il monte comme le déluge, avec une telle vitesse que les riverains ont à peine le temps de se sauver. Il déracine les arbres, emporte les maisons, rompt les digues, éventre les jetées, dévalise les campagnes et sème la désolation partout où il passe. Tel est le fleuve en colère, le fleuve des mauvais jours; encore une fois, je ne peins ici que la Loire au repos.

Joachim du Bellay a dû, plus d'une fois, reposer ses yeux sur cette toile enchanteresse à laquelle il ne manque que l'azur du ciel d'Italie pour ressembler au lac de Côme. Quel autre paysage aurait pu lui inspirer les jolis vers qu'il a consacrés à l'Anjou?

Le manoir « basty par ses aïeux » offre encore des ruines importantes, et il est probable qu'il serait demeuré debout s'il n'avait été incendié en 1793. Il en reste aujourd'hui trois tours ébréchées, reliées entre elles par une courtine aux machicoulis conservés.

Ces tours le défendaient avec de larges douves du côté où il était dominé; aujourd'hui, les éperviers et les corbeaux ont élu domicile dans les cheminées et les meurtrières et font une horrible chasse aux petits oiseaux, mésanges et pinsons, qui viennent, chaque printemps, nicher dans le lierre et les giroflées sauvages.

De l'autre côté, les remparts dominent une délicieuse coulée où les arbres et les plantes sauvages s'enchevêtrent et se marient comme dans une forêt vierge. A mi-côte, se dresse un magnifique amphithéâtre de marronniers qui doivent être plusieurs fois séculaires. J'en ai rarement vu d'aussi beaux. Entre chaque rangée d'arbres s'étend d'étage en étage une large terrasse qui sert de promenoir et d'où la vue embrasse toute la profondeur de la coulée. C'est là que le poète de la *Défense de la langue française* venait s'asseoir et répandre son âme dans ses chants mélancoliques. On le cherche malgré soi dans chaque retraite ombrageuse, au fond des mystérieux bosquets. Tout semble nous parler de lui dans cette riante et fraîche nature, depuis le gazouillement des oiseaux jusqu'au clapotement de cette petite source qui coule au bas de la coulée. Ce ruisseau vous fait involontairement penser à ces vers qui terminent les *Louanges d'Anjou* :

> O mon fleuve paternel,
> Quand le dormir éternel
> Fera tomber à l'envers
> Celuy qui chante ces vers,
> Et que par les bras amis
> Mon corps bien près sera mis
> *De quelque fontaine vive*
> Non guère loin de ta rive ;
> Au moins sur ma froide cendre
> Fay quelques larmes descendre
> Et sonne mon bruit fameux
> A ton rivage écumeux !

Pauvre poète, ses amis ont fait peu de cas de son cher désir ! Qui sait seulement où sont ses cendres ! Les poètes du XIX⁰ siècle ont été plus heureux que ne semblent l'avoir été ceux du XVI⁰. Musset a son saule au cimetière ; Brizeux repose dans sa *terre de granit* à l'ombre du chêne qu'il avait désigné ; Lamartine dort

à Saint-Point; Châteaubriand en pleine mer. Tous
sont couchés dans le lit qu'ils s'étaient fait de leur vivant. Pourquoi n'a-t-on pas rempli la volonté de Joachim du Bellay ? Pourquoi n'avoir pas creusé sa tombe
au bord de la fontaine vive qui coule dans son ancien
manoir ? Voilà ce qu'on ne saura probablement jamais
et ce qu'aurait bien fait de nous apprendre Sainte-
Beuve qui, malgré l'inexactitude de ses renseignements biographiques, a contribué plus que personne à
mettre Joachim du Bellay en honneur parmi nous. En
attendant, si j'étais propriétaire de l'ancien manoir du
poète angevin, je demanderais ses os à tous les échos
de la France, et je les déposerais là, non loin de ce
« Loyre gaulois » qu'il aimait tant, au bord de la petite
source qui semble pleurer l'immortel absent.

Ce n'est pas que M. Thoinnet de la Turmelière soit
indifférent à la mémoire de Joachim du Bellay ; il est
au contraire un de ceux qui gardent religieusement le
culte du chant de l'*Olive*. Il a dans sa bibliothèque un
censif fort curieux de la famille du poète, qui date de
1576 et qu'il tient enfermé comme une précieuse reli-
que. Ce gros volume in-folio, indépendamment d'un
titre calligraphié dans le goût de la Renaissance, pré-
sente grossièrement, mais exactement dessinées par
l'intendant qui le tenait, les armes des du Bellay qui
sont *d'argent à la bande fuselée de gueules, accompa-
gnée de six fleurs de lys d'azur rangées en orle, trois
en chef et trois en pointe.*

On peut voir en outre dans le salon du château moderne récemment restauré un magnifique médaillon en
marbre blanc sur lequel est gravé en lettres rouges

3

l'immortel sonnet du « petit Lyré », le roi des sonnets,
dit Sainte-Beuve :

Heureux qui comme Ulysse a fait un beau voyage
Ou comme cestuy-là qui conquit la toison.
Et puis est retourné, plein d'usage et de raison,
Vivre entre ses parents le reste de son âge !

Quand revoiray-je, hélas ! de mon petit village
Fumer la cheminée, et en quelle saison
Revoiray-je le clos de ma pauvre maison,
Qui m'est une province, et beaucoup d'avantage ?

Plus me plaist le séjour qu'ont basty mes ayeux,
Que des palais Romains le front audacieux,
Plus que le marbre dur me plaist l'ardoise fine ;

Plus mon Loyre Gaulois, que le Tibre Latin,
Plus mon petit Lyré, que le mont Palatin,
Et plus que l'air marin la doulceur angevine (1).

Ne dirait-on pas un sonnet d'outre-tombe ? Qu'il y a
de mélancolie et d'émotion douce dans cette stance :

Quand revoiray-je hélas ! de mon petit village
Fumer la cheminée ! . . . .

On croirait entendre le soupir d'une de ces ombres,
qui, faute d'avoir eu de quoi payer le farouche passeur
du Styx, erraient pendant cent ans sur la rive désolée
du fleuve des enfers.

Qu'on s'assure donc au plus vite du lieu de sépulture
de Joachim du Bellay, et, s'il est vrai qu'il ait été enterré dans une chapelle de Notre-Dame, qu'on brise le
« marbre dur » qui l'étouffe pour le rendre « au sein de sa
terre nourrice » d'où voilà trois cents ans qu'il est exilé.

(1) Sonnet XXXIᵉ des *Regrets.*

LA VIE ET LES ŒUVRES

DE

JOACHIM DU BELLAY

~~~~~~~~

Après avoir décrit aussi fidèlement que possible le « petit Lyré » et l'ancien manoir du poète, il me reste à donner une notice complète sur la vie et les œuvres de Joachim du Bellay (1).

Il naquit, comme nous l'avons dit plus haut, au château de la Turmelière, en Liré, à un demi-kilomètre d'Ancenis, vers l'année 1525. La date exacte de sa naissance reste encore inconnue. Il était le fils cadet de Jehan du Bellay, seigneur de Gonnor, capitaine de quarante hommes d'armes suivis d'un certain nombre d'archers, de valets et de chevaux, et gouverneur

(1) Je renvoie le lecteur aux remarquables études que Sainte-Beuve et après lui M. Marty-Laveaux ont consacrées à Joachim du Bellay, le premier dans son *Tableau de la poésie française au XVI*e *siècle*, et le second en tête de son édition des *Œuvres françoises* du poète angevin, la plus complète qui ait paru jusqu'ici.

de Brest, qui avait épousé en 1521 Renée Chabot,
dame de Liré et de la Turmelière.

Joachim du Bellay eut deux frères et une sœur
puînés ; ses deux frères furent l'un et l'autre capitaines
de chevau-légers, et sa sœur fut mariée au sieur de la
Mauvoysinière (1), chevalier de l'ordre du roi, capitaine d'hommes d'armes de ses ordonnances.

A la mort de ses parents qu'il perdit en bas âge, le
domaine de Liré échut en partage au poète, tandis
que la terre de Gonnor passa à son frère René du
Bellay à la merci duquel il fut abandonné.

Sous la tutelle de ce frère aîné, dit-il lui même dans
une élégie latine adressée à Jean Morel d'Embrun, sa
première jeunesse fut perdue comme en un vert jardin
la fleur que nulle onde n'arrose, que nulle main ne
cultive (2).

Son frère mort, une cruelle responsabilité lui in-
comba ; il fut obligé de servir de tuteur à son neveu (3)
et de porter la charge de l'enfant et de la maison em-
barrassée de procès.

C'en était trop pour sa frêle organisation ; il tomba
malade à la suite des tracas de toutes sortes que lui

---

(1) Suivant un aveu de 1673, le seigneur de la Mauvoysinière payait
une redevance annuelle au seigneur de Liré et de la Turmelière,
dont il était proche-voisin. Aujourd'hui le château de l'ancienne seigneurie de la Mauvoysinière est la propriété des comtes de Gibot.

(2) Cette élégie se trouve à la fin d'un mince vol. in-4° intitulé
*Joachimi Bellaii andini poetæ clarissimi xenia seu illustrium
quorundam nominum allusiones.* (Parisiis, apud F. Morellum, 1569).

(3) C'est probablement ce neveu de Joachim du Bellay qui fut employé en Allemagne « pour y entretenir les intelligences commencées
par feu messire Guillaume du Bellay, sieur de Langey, qui depuis fut
lieutenant-général de François Iᵉʳ en Italie. »

causa cette tutelle et il resta deux ans sur le lit. Cette maladie décida de sa destinée. Il avait rêvé jusque-là de se faire un nom dans les armes comme son illustre aïeul M. de Langey; pendant sa maladie il se mit à courtiser les muses et à étudier les auteurs anciens. Il s'était déjà fait connaître dans le chœur aonien, quand il s'aperçut que « s'il voulait gaigner quelque nom entre les Grecs et Latins, il y faudrait employer le reste de sa vie, et peut-être en vain, étant déjà coulé de son âge le temps le plus apte à l'étude..... Au moyen de quoy n'ayant où passer le temps, et ne voulant du tout le perdre, il s'appliqua volontiers à notre poésie ; excité et de son propre naturel, et par l'exemple de plusieurs gentils esprits françois, mesmes de sa profession, qui ne dédaignaient point manier et l'espée et la plume, contre la fausse persuasion de ceux qui pensent tel exercice deroger à l'estat de noblesse (1) ».

Voilà son parti pris. Joachim du Bellay s'est jeté dans la rude carrière des lettres. Il a beau dire dans la préface de l'*Olive* que « si la fortune lui veut présenter quelque chose où avecques plus grand fruict il puisse occuper son esprit, » il s'en retirera facilement, c'est serment d'ivrogne. Qui a bu boira ; qui a écrit écrira. C'est déjà beaucoup qu'il pousse le respect de son art jusqu'à garder son indépendance. Combien peu, de son temps, auraient pu dire comme lui que leur Muse « n'était esclave ou mercenaire, mais serve tout seulement de leur plaisir. »

Joachim du Bellay, suivant le conseil de ses amis et

(1) Préface de l'*Olive*.

probablement du cardinal, son parent, alla étudier le
droit à Poitiers « pour parvenir dans les endroits publics, à l'exemple de ses ancêtres, qui s'étaient avancés
à la cour par les armes ou les saints canons. » Poitiers
possédait alors une des Universités les plus célèbres de
France, et c'est là que Ronsard et Baïf qui furent avec
du Bellay les trois grands maîtres de la pléiade, ache-
vaient leur noviciat de sept années, sous la conduite de
Jean Dorat. Du Bellay se lia avec eux, voici dans
quelle circonstance.

Un jour, en 1548 ou 1549, il s'en revenait de Poitiers, quand il rencontra Ronsard dans une hôtellerie.
Ils étaient tous deux un peu parents et je crois même
que Ronsard avait été attaché pendant quelque temps
à M. de Langey, quand il commandait en Piémont.
La connaissance fut prompte et l'amitié suivit. Les
deux poètes se communiquèrent leurs idées de réforme
littéraire ; du Bellay avoua ses goûts pour le sonnet, que
Mellin de Saint-Gelais avait rapporté le premier d'Italie ;
Ronsard fut moins communicatif et laissa entendre
seulement qu'il avait trouvé un nouveau rythme. C'était
l'ode pindarique. Intrigué par le mystère dont Ronsard entourait sa découverte poétique, Joachim du
Bellay, poussa l'indiscrétion, s'il faut en croire Colletet,
jusqu'à soustraire du cabinet de son ami ses premières
odes pindariques et à en composer de semblables pour
les faire courir et prévenir ainsi la réputation de Ronsard. Celui-ci furieux de l'indélicatesse de du Bellay
lui aurait intenté une action pour le recouvrement de
ses papiers... mais, comme il avait au fond de tendres
sentiments d'amitié pour son émule il lui aurait par-

donné généreusement, « l'exhortant le premier à conti-
nuer dans l'ode. » Qu'y a-t-il de vrai dans cette histoire ?
Sainte-Beuve estime que ce fut une pure espiéglerie
d'écolier et de camarade. J'aime à le croire, aussi moi,
pour l'honneur de Joachim du Bellay.

Du reste, ce qui prouve que cette querelle ne fut
jamais bien sérieuse, c'est que par la suite les deux
poètes furent plus étroitement liés que jamais.

Quoi qu'il en soit, Joachim du Bellay joua le rôle de
précurseur en publiant la *Défense et illustration de la
langue françoise*, un an avant l'édition des premières
poésies de Ronsard (1).

La *Défense* exerça sur la littérature française du
seizième siècle au moins autant d'influence que la préface de *Cromwell* sur la littérature du dix-neuvième.
Ce fut un coup de trompette formidable et l'on en re-
trouve les échos dans tous les ouvrages du temps. La
Défense aurait suffi pour immortaliser son auteur.
Quelques mois plus tard parut l'*Olive*. Joachim du
Bellay était évidemment pressé de mettre ses leçons en
pratique et de montrer à la nouvelle école comment
elle pourrait « endormir l'importun croassement des
corbeaux » qui l'avaient appelé « hardi repreneur. »
L'*Olive* ne répondit pas à l'attente générale ; elle n'of-
frait d'intérêt réel que dans l'entrelacement original des
cinquante sonnets qui la composaient. Jusque-là les
poètes ne s'étaient guère servis que de l'ancienne
strophe assonante des trouvères ; le sonnet était pour

(1) La *Défense* parut au mois de février 1549. Dès le 20 mars 1548
un privilège commun avait été accordé au libraire Arnoul l'Angelier
pour la *Défense* et pour l'*Olive*.

ainsi dire inconnu et bien que Joachim du Bellay ré-
serve à Mellin de Saint-Gelais l'honneur de l'avoir
apporté d'Italie, il est incontestablement, dit Sainte-
Beuve (1), le premier qui fit fleurir le genre et qui
greffa la bouture florentine sur le chêne gaulois (2).
Vauquelin de la Fresnaie a dit quelque part :

> Ce fut toi, Du Bellay, qui des premiers en France
> D'Italie attiras les sonnets amoureux :
> Depuis y séjournant, d'un goût plus savoureux
> Le premier tu les as mis hors de leur enfance.

Ces quatre vers sont la critique involontaire mais fort
juste de l'*Olive*. Les sonnets qui composent ce petit recueil sont encore emmaillottés ; ils n'ont pas d'ailes et se
traînent péniblement. Joachim du Bellay n'était pas
encore le maître sonnettiste que ses *Regrets* devaient
nous révéler. Il manquait une corde à sa lyre et la
corde essentielle, celle qui fait vibrer les fibres intimes
de l'être, la corde du pathétique et du sentiment.
L'Italie devait la lui donner. Ce n'est pas cependant
que l'*Olive* ne contienne de beaux vers ; il y en a qui
sont joliment tournés et qui valent la peine qu'on les
cite, ceux-ci par exemple :

> Si notre vie est moins qu'une journée
> En l'éternel, si l'an qui fait le tour
> Chasse nos jours sans espoir de retour,
> Si périssable est toute chose née...

(1) *Tableau de la littérature française au XVIe siècle*, t. II, p. 134,
édition Lemerre.
(2) Je n'aime pas beaucoup cette bouture greffée sur le chêne, mais
il ne faut pas trop presser les comparaisons.

Que songes-tu, mon âme emprisonnée?
Pourquoi te plaist l'obscur de notre jour,
Si pour voler en un plus clair séjour
Tu as au dos l'aile bien empennée?

Là est le bien que tout esprit désire,
Là le repos où tout le monde aspire,
Là est l'amour, là le plaisir encore.

Là, ô mon âme, au plus haut ciel guidée,
Tu y pourras recognoistre l'idée
De la beauté qu'en ce monde j'adore.

Quelle était cette beauté dont il espérait retrouver le modèle, là-haut? C'est encore une énigme. Tout ce que l'on croit savoir c'est que l'*Olive* désigne par l'anagramme une demoiselle Viole. Colletet dit que cette demoiselle était parisienne ; Goujet prétend au contraire qu'elle était angevine ; en face de ces contradictions il est permis de supposer que Joachim du Bellay n'a chanté qu'une maîtresse imaginaire sous un nom bizarre. C'était du reste la coutume des poètes du temps. Ronsard chantait *Cassandre ;* Baïf chantait *Francine ;* Claude de Buttet, l'*Amalthée ;* Jacques Tahureau, l'*Admirée ;* tout le Parnasse avait sa mie, vraie ou feinte, en chair ou en imagination. Ce qui me ferait croire que l'*Olive* de Joachim du Bellay n'a jamais été qu'une femme idéale, c'est que je ne trouve dans ce poème aucun cri d'amour qui soit sorti du cœur, que derrière le poète on ne devine point l'homme (*homo natus muliere*). Qu'il y a loin de ces accents à ceux que lui inspirera sa Faustine quelques années plus tard !

Décidément notre poète avait besoin d'aller faire un

4.

voyage en Italie. Quoiqu'il ait amèrement regretté ce
voyage, ce n'est pas lui qui aurait pu s'appliquer ce
vers de Lamartine :

Sous un ciel toujours pur le cœur ne mûrit pas !

Car il atteignit à Rome non seulement la maturité
du cœur, mais aussi la maturité du talent.

Joachim du Bellay qui avait dédié au cardinal du
Bellay, son oncle, « les premiers fruits, ou pour mieulx
dire, les premières fleurs de son printemps (1) », fut
appelé près de lui à Rome. Le cardinal jouait le rôle
de protecteur des lettres. En 1534, lors de son premier voyage à Rome, il avait eu pour médecin Rabelais,
et c'est lui qui l'avait fait nommer à la cure de Meu-
don. Plus tard il s'était également intéressé à Louis des
Masures, après la mort du cardinal de Lorraine dont
ce poète fut pendant quelque temps le secrétaire. Le
cardinal menait grand train à Rome où il s'était fait
construire un superbe palais, près des Thermes de Dioclétien. Il s'attacha Joachim du Bellay, comme intendant.

Ce n'était pas précisément le poste qu'avait rêvé le
poète, et ce n'était guère la peine d'avoir fait son droit
pour endosser la livrée de régisseur ; mais Joachim du
Bellay avait déjà l'oreille paresseuse, ce qui l'affligeait
plus qu'il ne laisse apercevoir dans son *Hymne de la
surdité*, et, quand il partit pour Rome, le désir, la satis-
faction de voir la Ville Éternelle lui faisaient complètement illusion sur les fonctions qui l'y attendaient. Il

(1) Préface de la *Défense et illustration de la langue françoise*.

accepta donc l'emploi d'intendant du cardinal, non sans se plaindre tout bas, comme on peut le voir dans les lettres conservées à la Bibliothèque de Montpellier et publiées par M. Révillout (1). « Et quant en quelque endroit de mes sonnets on vouldrait interpréter que les plaintes que j'y fais se doibvent nécessairement referer à vous (écrit-il au cardinal), comme on voit ordinairement que ceux qui se sentent vrays et fidelles serviteurs sont quelquefois plus prompts à se plaindre et passionnés que les autres, je ne veux pas du tout nyer que *voyant beaucoup d'autres qui ne vous atouchent de si près que moy, ni de parenté ni de service, recepvoir tant de bien et d'honneur de vous, comme ils ont fait, il ne m'en soit échappé quelque regret parmy les autres.* »

Le poète fait allusion aux attaques dont il fut l'objet quand parurent ses *Regrets*.

On sait que ce recueil est le tableau satirique de Rome présenté sous la forme d'un journal. Le poète était on ne peut mieux placé pour juger de la tête aux pieds ce monde de cardinaux et de courtisans qui s'agitait alors à Rome dans la débauche et dans le crime.

« Tout en ayant de la maison du cardinal le principal soucy », comme il le dit lui-même à Morel, dans son XVIIe sonnet, Joachim du Bellay « passait quelquefois le temps à la poésie latine et françoise ; » toutes ses impressions quotidiennes, ses souvenirs, ses regrets, il les notait, il les fixait dans ses vers avec d'autant plus de franchise et de sincérité qu'il n'avait pas l'intention de

(1) Ces lettres ont été annexées par M. Marty-Laveaux à son édition.

les publier. C'était une sorte de *Memento*, un miroir dans lequel, une fois parti de Rome, il aurait plaisir à retrouver les lieux, les hommes et les choses qu'il avait connus et dépeints. Il ne se doutait pas que c'était précisément le déshabillé charmant dans lequel il nous montrait Rome qui ferait vivre éternellement son livre. Les *Regrets* ont inauguré le genre de la poésie intime si prisée de nos jours. Rien de plus doux, de plus agréable à lire que cette suite de sonnets faciles dont le mal du pays forme la trame légère. C'est de la satire corrigée par la mélancolie du spleen, et qu'on boit comme du petit lait.

Malheureux l'an, le mois, le jour, l'heure et le poinct
Et malheureuse soit la flatteuse espérance,
Quand pour venir icy j'abandonnay la France,
La France et mon Anjou dont le désir me poingt.

Vraiment d'un bon oiseau guidé je ne fus point,
Et mon cœur me donnait assez signifiance
Que le ciel estoit plein de mauvaise influence
Et que Mars estoit lors à Saturne conjoint.

Cent fois le bon advis lors m'en voulut distraire,
Mais toujours le destin me tiroit au contraire :
Et si mon désir n'eust aveuglé ma raison,

N'estoit-ce pas assez pour rompre mon voyage,
Quand sur le seuil de l'huis, d'un sinistre présage,
Je me blessay le pied sortant de ma maison (1) ?

Que c'est bien là l'esprit superstitieux des poètes ! Joachim du Bellay attribuait à ce petit accident toutes

(1) *Les Regrets*, sonnet XXVᵉ.

les déconvenues de son voyage en Italie qui, cependant, lui procura le doux plaisir d'aimer et d'être aimé.

Evidemment, quand il écrivit ce sonnet lamentable, l'auteur des *Regrets* ne connaissait pas encore Faustine, car à partir du jour où il se laissa prendre à ses charmes, nous le voyons moins triste et surtout moins pressé de quitter Rome. Quelle était donc cette belle maîtresse ?

Joachim du Bellay qui nous a raconté ses amours dans la langue d'Ovide n'a point jugé à propos de mettre son nom patronymique au bas du portrait qu'il nous a tracé d'elle (1).

Faustine devait appartenir à une noble famille, car le poète nous apprend qu'elle était convoitée pour sa beauté par les plus saints prélats revêtus de la pourpre.

Elle avait les yeux et les cheveux noirs ; le front blanc comme neige ; les joues vermeilles et les lèvres roses ; sa bouche avait des baisers et si longs et si doux que Joachim du Bellay lui avait donné le petit nom charmant de *Colombelle*.

Columbatim basia longa dabas.

Écoutez cette chanson d'amour dans laquelle il l'a célébrée :

> Sus, ma petite colombelle,
> Ma petite belle rebelle,
> Qu'on me paye ce qu'on me doit :

---

(1) *Joachimi Bellaii Andini poematum libri quatuor.* Parisiis apud Federicum Morellum, 1558, in-4°.

Qu'autant de baisers on me donne,
Que le poète de Véronne
A sa Lesbie en demandoit.

.   .   .   .

Autant donc que de fleurs fleurissent,
D'espics et de raisins mûrissent,
Autant de baisers donne-moy :
Autant je t'en rendray sur l'heure,
Afin qu'ingrat je ne demeure
De tant de baisers envers toy.

Mais sçais-tu quel baisers, mignonne ?
Je ne veux pas qu'on me les donne
A la françoise, et ne les veux
Tels que la Vierge chasseresse
Venant de la chasse les laisse
Prendre à son frère aux blonds cheveux.

Je les veux à l'italienne,
Et tels que l'Acidalienne
Les donne à Mars son amoureux :
Lors sera contente ma vie
Et n'auray sur les dieux envie
Ni sur leur nectar savoureux (1).

N'est-ce pas que ces vers sont jolis et qu'ils ne dépareraient point l'écrin poétique d'Alfred de Musset ?
Que de grâce câline il y a dans cette stance :

Mais sçais-tu quels baisers, mignonne ?...

Ah ! certes, ce n'est pas l'*Olive* qui aurait inspiré au poète de si tendres accents.

Cependant son bonheur fut de courte durée. Faus-

(1) Les *Jeux rustiques*.

tine était mariée — chose grave, même en Italie — et son amant n'y avait pas pris garde. Peut-être pensait-il que le mari dont l'âge avait endormi les sens fermerait les yeux sur les infidélités de la belle ; peut-être aussi se trouvait-il assez protégé par la complicité de la mère de Faustine sous les yeux de laquelle ils roucoulaient à leur aise.

Quoi qu'il en soit, le mari jaloux enleva un beau jour Faustine de la maison maternelle et l'enferma en lieu sûr, sans pitié pour l'amoureux qui pendant dix jours rôda comme un renard et gagna, en montant la garde à la porte de sa maîtresse, un affreux rhume de cerveau qui lui donna la fièvre et l'obligea à boire, au lieu de vin, des tisanes adoucissantes (1).

Mais le mari se lassa de jouer le rôle de Cerbère, et ne trouva rien de mieux que de mettre Faustine au couvent. Pendant ce temps-là Joachim du Bellay faisait des neuvaines à Vénus, comme un bon païen qu'il était, pour obtenir la délivrance de sa bien-aimée, et vouait à la déesse des roses, des violettes et deux colombes. C'était plus qu'il n'en fallait pour l'attendrir. Vénus envoya le petit Cupidon vers le cloître avec un passe-partout, et Faustine fut rendue aux caresses de son amant. Voilà l'histoire telle que le poète s'est plu

(1) Me fluens humor cerebro malignus
    Febris atque ardens, et anhela tussis
Jam decem totis retinet diebus
    Membra trahentem.
Non mihi dulcis latices Lyæi,
    Sed sitim sedant medicata nostram
Pocula. . . . .
                    (*Poemata*, fol. 39, 2°).

à nous la raconter ; c'est peut-être le seul roman qu'il ait eu dans sa vie. Quand on réfléchit à la condition particulière de Joachim du Bellay on s'explique difficilement que ce poème de *Faustine* ait été publié de son vivant, sous le patronage de madame Marguerite à qui il était dédié et avec la recommandation du chevalier Olivier. Mais les mœurs d'alors étaient si légères qu'on trouvait tout naturel qu'un poète, fût-il dans les ordres, chanoine de Paris et parent d'un cardinal, ait eu des intrigues amoureuses et les révélât.

Cependant il est fort possible que cette aventure ait contribué à précipiter son départ de Rome. Joachim du Bellay y était resté plus de quatre ans. Les *Regrets* nous indiquent l'itinéraire qu'il suivit pour rentrer en France. Venise, Genève et Lyon, voilà ses trois grandes étapes. Les deux premières lui ont inspiré les vers les plus mordants qui soient tombés de sa plume.

On connaît son épigramme sur les doges de Venise.

..... Ces vieux coquz vont espouser la mer
Dont ils sont les maris et le Turc l'adultère (1).

Celle qu'il a faite sur les Genevois n'est pas moins fine :

Ils boivent nuit et jour en Bretons et Suysses,
Ils sont gras et refaits et mangent plus que trois :
Voilà les compagnons et correcteurs des Roys
Que le bon Rabelais a surnommés saulcisses.
Ils n'ont jamais changé leurs habits et façons,
Ils hurlent comme chiens leurs barbares chansons,
Ils comptent à leur mode, et de tout se font croire (2).

(1) *Les Regrets*, sonnet CXXXIII.
(2) *Les Regrets*, sonnet CXXXV.

Lyon seul eut le pouvoir de le désarmer :

> Scève, je me trouvay comme le fils d'Anchise
> Entrant dans l'Elysée et sortant des enfers,
> Quand après tant de monts de neige tout couverts
> Je vis ce beau Lyon, Lyon que tant je prise (1).

C'est que, pour du Bellay, Lyon c'était la France ; il y rentrait fatigué, désenchanté, mais ayant au cœur la joie inexprimable de l'exilé qui revoit son pays.

Hélas ! cette joie devait se changer bien vite en amertume. De nouveaux chagrins l'attendaient en France plus douloureux que tous ceux qu'il avait essuyés jusque-là. Cette fois encore ce fut la main des siens qui s'appesantit sur lui.

> Je me resjouissais d'estre eschappé au vice
> Aux Circes d'Italie, aux sirènes d'amour,
> Et d'avoir rapporté en France à mon retour
> L'honneur que l'on s'acquiert d'un fidèle service.
> Las, mais après l'ennuy de si longue saison
> Mille soucis mordans je trouve en ma maison,
> Qui me rongent le cœur sans espoir d'allégence.

Ses lettres au cardinal publiées par M. Révillout nous ont fait connaître la cause de ces soucis.

Joachim ne destinait pas les *Regrets* à l'impression ; il se contentait, nous dit-il, de laisser voir ses vers à ceux de la maison de son parent qui lui étaient plus familiers ; mais un écrivain breton, qui de ce temps-là vivait avec lui à Rome, en faisait des copies secrètement qu'il vendait aux gentilshommes français de passage en

---

(1) *Les Regrets*, sonnet CXXXVII.

cette ville. Du Bellay en avait été averti par un monsieur
de Saint-Ferme. Or quel ne fut pas son étonnement en
rentrant en France d'en trouver « une infinité de coppies » tant à Lyon qu'à Paris. Vainement il intenta des
procès à quelques imprimeurs « qui furent condamnés
en amendes et réparations », ses *Regrets* faisaient malgré tout leur tour de France. « Voyant donc qu'il n'y
avait d'autre remède et qu'il lui était impossible de
supprimer tant de coppies publiées partout, il se décida sur les instances du roi qui en avait lu la plus
grande part à les faire imprimer sans autrement les
revoir, ne pensant qu'il y eust chose qui deubt offencer
personne. » .

C'est alors que le cardinal du Bellay lui retira sa
protection. Le cardinal, il ne faut pas l'oublier, était le
doyen du Sacré-Collége, et, quoiqu'il fût indépendant
de son caractère et libéral de sa nature, il était tenu de
s'observer par sa position même. Or, on savait au Vatican qu'il avait eu pendant quatre ans et demi Joachim du Bellay comme intendant de son palais à
Rome, et il avait de bonnes raisons pour craindre que
la cour et les cardinaux le rendissent en quelque sorte
responsable des écarts de plume de son neveu. Joachim
du Bellay avait beau dire que le roi n'avait rien trouvé
dans ses *Regrets* qui pût offenser personne, ce n'en
était pas moins une satire des plus acerbes et qui frap-
pait le pape et toute sa cour en pleine poitrine.

Que devaient-ils penser, je vous le demande, de sonnets aussi irrévencieux que celui-ci :

On ne fait de tout bois l'image de Mercure,
Dit le proverbe vieil : mais nous voions icy
De tout bois faire pape et cardinaux aussi,
Et vestir en trois jours tout une autre figure.

Les princes et les rois viennent grands de nature,
Aussi de leurs grandeurs n'ont-ils tant de souci,
Comme ces dieux nouveaux, qui n'ont que le sourci,
Pour faire révérer leur grandeur qui peu dure.

Paschal, j'ay veu celuy qui n'aguères traînoit
Toute Rome après lui, quand il se pourmenoit,
Avecques trois valletz cheminer par la rue :

Et traîner après luy un long orgueil Romain
Celuy, de qui le frère a l'ampoulle en la main,
Et l'aiguillon au poing se courbe à la charrue (1).

Il faut croire d'ailleurs que le roy Henry II fit ses
réserves au moment de la publication des *Regrets*, car
l'exemplaire peut-être unique de l'ancienne bibliothèque du roi, à présent Bibliothèque nationale (Y, 4593)
contient huit sonnets de plus que l'édition originale
(*Paris. Frédéric Morel*, 1558, in-4°). Ces huit sonnets
ont été publiés pour la première fois dans l'ordre qu'ils
devaient occuper (CV à CXII) par M. Isidore Liseux
qui nous a donné en 1876 une si gracieuse édition des
Jeux rustiques et des *Regrets* (2). On n'a qu'à les par-
courir pour comprendre les raisons qui les avaient fait
retrancher de la première édition. Henry II voulait
bien les lire sous le manteau de la cheminée royale ;

(1) *Les Regrets*, sonnet CII.
(2) La découverte en revient à M. Paulin Paris et la première publication à M. A. de Montaiglon.

c'était de mode alors à la cour de France de s'amuser des scandales publics de la cour de Rome; mais il se serait fait un scrupule de laisser courir dans le monde des railleries aussi cruelles que celles-ci :

CV

De voir mignon du roy un courtisan honneste,
Voir un pauvre cadet l'ordre au col soustenir,
Un petit compagnon aux estatz parvenir,
Ce n'est chose (Morel) digne d'en faire feste.

Mais voir un estaffier, un enfant, une beste,
Un forfant (1), un poltron cardinal devenir,
Et pour avoir bien sceu un singe entretenir (2)
Un Ganymède avoir le rouge sur la teste :

S'estre veu par les mains d'un soldat espagnol
Bien hault sur un eschelle avoir la corde au col
Celuy que par le nom de Sainct-Père l'on nomme :

Un bélistre en trois jours aux princes s'égaller,
Et puis le voir de là en trois jours dévaller :
Ces miracles (Morel) ne se font point qu'à Rome.

CVI

Qui niera (Gillebert) s'il ne veult résister
Au jugement commun, que le siège de Pierre
Qu'on peult dire à bon droit un Paradis en terre,
Aussi bien que le ciel, n'ait son grand Juppiter ?

(1) Fanfaron.
(2) Allusion à un protégé de Jules III, rencontré par lui dans les rues avec un singe, et promu peu de temps après au cardinalat. C'est encore à lui que s'applique le trait suivant. (Note de M. de Montaiglon).

Les Grecs nous ont fait l'un sur l'Olympe habiter,
Dont souvent dessus nous ses fouldres il desserre
L'autre du Vatican delasche son tonnerre,
Quand quelque Roy l'a fait contre luy despiter.

Du Juppiter céleste un Ganymède on vante,
Le Thusque Juppiter en a plus de cinquante :
L'un de Nectar s'enyvre, et l'autre de bon vin.

De l'aigle l'un et l'autre a la defense prise.
Mais l'un hait les tyrans, l'autre les favorise :
Le mortel en cecy n'est semblable au divin,

CVII

Où que je tourne l'œil, soit vers le Capitole,
Vers les baings d'Antonin ou Dioclétien,
Et si quelqu'œuvre encor dure plus ancien
De la porte Sainct-Pol jusques à Ponte-mole ;

Je déteste à part-moy ce vieil Faucheur, qui vole,
Et le ciel, qui ce tout a réduit en un rien ;
Puis songeant que chacun peult répéter le sien,
Je me blasme, et cognois que ma complainte est fole.

Aussi seroit celuy par trop audacieux,
Qui vouldroit accuser ou le temps ou les cieux,
Pour voir une médaille ou columne brisée.

Et qui sçait si les cieux referont point leur tour,
Puisque tant de seigneurs nous voyons chacun jour
Bastir sur la Rotonde et sur le Collisée ?

CVIII

Je fuz jadis Hercule (1), or Pasquin je me nomme,
Pasquin fable du peuple, et qui fais toutefois

(1) La statue de Pasquin qu'on pensait alors avoir été en Hercule. (Note de M. de Montaiglon).

Le mesme office encor que j'ay fait autrefois,
Veu qu'ores par mes vers tant de monstres j'assomme.

Aussi mon vray mestier c'est de n'espargner homme,
Mais les vices chanter d'une publique voix ;
Et si je puis encor, quelque fort que je sois,
Surmonter la fureur de cet Hydre de Rome.

J'ai porté sur mon col le grand palais des dieux,
Pour soulager Atlas, qui sous le faiz des cieux
Courboit las et recreu (1) sa grande eschine large.

Ores au lieu du ciel, je porte sur mon doz
Un gros moyne Espagnol, qui me froisse les oz ;
Et me poise trop plus que ma première charge.

CIX

Comme un qui veult curer quelque cloaque immonde,
S'il n'a le nez armé d'une contresenteur,
Estouffé bien souvent de la grand'puanteur
Demeure ensevely dans l'ordure profonde :

Ainsi le bon Marcel (2) ayant levé la bonde,
Pour laisser escouler la fangeuse espesseur
Des vices entassés, dont son prédécesseur
Avoit six ans devant empoisonné le monde :

Se trouvant le pauvret de telle odeur surpris,
Tomba mort au milieu de son œuvre entrepris,
N'ayant pas à demy ceste ordure purgée.

Mais quiconques rendra tel ouvrage parfait,
Se pourra bien vanter d'avoir beaucoup plus fait
Que celuy qui purgea les estables d'Augée.

(1) Fatigué.
(2) Le pape Marcel, qui succéda à Jules III de honteuse mémoire,
ne régna que vingt-deux jours et eut pour successeur Paul IV.

CX

Quand mon Caraciol de leur prison desserre
Mars, les vents et l'hyver : une ardente fureur,
Une fière tempeste, une tremblante horreur
Ames, ondes, humeurs, ard, renverse et reserre.

Quand il lui plait aussi de renfermer la guerre,
Et l'orage et le froid : une amoureuse ardeur,
Une longue bonasse, une doulce tiédeur
Brusle, appaise et résoult les cœurs, l'onde et la terre.

Ainsi la paix à Mars il oppose en un temps,
Le beau temps à l'orage, à l'hyver le printemps,
Comparant Paule quart avec Jules troisième.

Aussi ne furent onq' deux siècles plus divers,
Et ne se peult mieux voir l'endroit par le revers,
Que mettant Jules tiers avec Paul quatrième,

CXI

Je n'ay jamais pensé que ceste voulte ronde
Couvrist rien de constant : mais je veulx désormais,
Je veulx (mon cher Morel) croire plus que jamais,
Que dessous ce grand Tout rien ferme ne se fonde.

Puisque celuy qui fut de la terre et de l'onde
Le tonnerre et l'effroy, las de porter le faiz,
Veult d'un cloistre borner la grandeur de ses faicts,
Et pour servir à Dieu abandonner le monde.

Mais quoy ? que dirons-nous de cet autre vieillard,
Lequel ayant passé son aage plus gaillard
Au service de Dieu, ores César imite ?

Je ne sçay qui des deux est le moins abusé :
Mais je pense (Morel) qu'il est fort mal aisé,
Que l'un soit bon guerrier, ny l'autre bon hermite.

CXII

Quand je voy ces seigneurs, qui l'espée et la lance .
Ont laissé pour vestir ce sainct orgueil romain,
Et ceux-là, qui ont pris le baston en la main,
Sans avoir jamais fait preuve de leur vaillance ;

Quand je les vois (Ursin) si chiches d'audience,
Que souvent par quatre huiz on la mendie en vain :
Et quand je voy l'orgueil d'un camérier hautain,
Lequel feroit à Job perdre la patience,

Il me souvient alors de ces lieux enchantez,
Qui sont en Amadis, et Palmerin chantez,
Desquels l'entrée estoit si chèrement vendue.

Puis je dis : ô combien le palais que je voy
Me semble différent du palais de mon roy,
Où l'on ne trouve point de chambre deffendue !

Voilà les huit sonnets que le roy Henry II avait fait cartonner dans l'exemplaire des *Regrets* destiné à sa bibliothèque. Ce n'est pas qu'ils soient beaucoup plus méchants que les autres, et je ne vois guère que les plaisanteries du poète sur le Jupiter du Vatican et ses cinquante Ganymèdes (sonnet CVI) et la comparaison par laquelle se termine le sonnet CXII qui aient pu justifier la censure royale.

Quoi qu'il en soit, le cardinal du Bellay se montra très offensé de la publication des *Regrets*, et, pour signifier son mécontentement au poète, il lui retira sa protection. Joachim croyant avoir été desservi par les Caraffes auprès du cardinal lui écrivit pour se défendre une longue lettre sous la date du dernier jour de juillet 1559, dans laquelle se comparant à Job sur son fumier il prie Dieu de confondre ses ennemis comme il confondit les cousins du malheureux Job. « Dieu veuille, dit-il, qu'en cette mienne adversité je n'esprouve encore cette persécution de ceux dont par raison je debvrais attendre toute aide et consolation et non pas recevoir tant de mal pour le bien que je pense leur avoir faict. » Il faut croire qu'on l'avait menacé de l'Inquisition, car il écrit : « Quant à l'Inquisition, qui est le principal point dont l'on veult me faire peur, je voudrais estre aussi asseuré, monseigneur, de debvoir regagner vostre bonne grâce que j'ay peu de crainte de tel inconvénient. Je n'ay vescu jusques icy en telle ignorance que je n'entendisse les points de nostre foy, et prie Dieu qu'il ne me laisse pas tant vivre que de penser seullement, non qu'escrire, chose qui soit contre son honneur et de son eglise. »

Hélas ! le pauvre poëte ne savait pas qu'il est beaucoup plus dangereux de s'attaquer aux ministres de la religion qu'à la religion elle-même, et que la plupart des suppliciés de l'Inquisition n'ont dû leur martyre qu'à la haine des prêtres pervers en qui ils refusaient de reconnaître les représentants du Christ.

Comme un malheur n'arrive jamais seul, suivant le proverbe, Joachim du Bellay se vit enlever tour à tour et vers le même temps ses plus puissants protecteurs. Déjà la reine de Navarre était morte ; Henri II tomba dans le tournoi célèbre dont le poëte avait écrit les *Inscriptions* ; enfin Marguerite de France qui lui était si dévouée et « de son œil divin ses vers favorisait (1) » partit pour la Savoie avec le duc Emma-

(1) Les *Regrets*. sonnet VII.

nuel-Philibert qu'elle venait d'épouser. Ce départ de
Madame l'affligea plus que toutes ses tribulations et lui
inspira sa fameuse lettre au sieur Jean de Morel, Am-
brunois, qui est un chef-d'œuvre de délicatesse et de
sentiment (1).

Joachim du Bellay y déplore « sa fascheuse et im-
portune surdité qui l'a contraint de garder la chambre
pendant un mois et ne lui a pas laissé « le moyen de
pouvoir faire la reverence à Madame et luy baiser les
mains » avant son départ ; la seule consolation qui lui
restera désormais, écrit-il au milieu des larmes « les
plus vrayes larmes qu'il pleura jamais, » c'est la gloire
d'avoir esté agréable à la plus sage, vertueuse et humaine princesse qui ait esté de son temps. »

Madame de Savoie partie, il n'avait plus qu'à mourir. Tout le monde l'abandonnait à cause de sa triste
surdité. Eustache du Bellay, lui-même, qui par sa position d'archevêque de Paris pouvait lui être de si
grand secours ne trouvait rien de mieux que d'ache-
ver de le perdre dans l'esprit du cardinal :

« Faut, monseigneur, que je vous die que devant
mon partement de Paris il estoit du tout sourd..... et
quasi sans aucune esperance de guarison, *scripto est
agendum et loquendum cum eo*. Et au temps qui court
il est besoin avoir gens clairvoiants et oyants mesme-
ment pour le fait de la Religion (2).

Voilà comment se conduisaient envers lui les parents de Joachim du Bellay.

(1) Cette lettre, qui a été publiée dans l'édition de 1559, à la suite
du *Tombeau du roi Henri II*, porte la date du 5 octobre 1559.

(2) *Quelques mois de la vie de Joachim du Bellay*, par M. Révillout.

Il y a des hommes qui doivent leur salut à leur famille ; le poète angevin ne dut jamais à la sienne que des chagrins et des larmes.

Ecoutez ce touchant sonnet qu'il adressait à Jacques Grevin (1) quelque temps avant de mourir :

Comme celuy qui a de la course poudreuse
Ou de la luyte (2) huylée, ou du disque eslancé,
Ou du ceste plombé de cuir entrelacé,
Rapporté mainte palme en sa jeunesse heureuse,

Regarde, en regrettant sa force vigoureuse,
Les jeunes s'exercer, et jà vieil et cassé,
Par un doux souvenir qu'il ha du temps passé,
Resveille dans son cœur sa vertu genereuse :

Ainsi voyant, Grévin, prochain de ma vieillesse
Au pied de ton Olimpe exercer ta jeunesse,
Je souspire le temps que d'un pareil esmoy

Je chantay mon Olive, et resens en mon âme
Je ne sçay quelle ardeur de ma première flâme
Qui me fait souhaiter d'estre tel comme toy.

Ne dirait-on pas la plainte d'un homme chargé d'années et qui n'a plus rien à attendre de la vie ? C'est qu'en effet la souffrance et les inquiétudes de toutes sortes l'avaient brisé avant l'âge.

Jam mea cycneis sparguntur tempora plumis. Dit-il quelque part. C'étaient déjà les premières fleurs du cimetière. Il mourut le soir du 1er janvier 1560, frappé d'apoplexie, en rentrant chez lui après souper.

(1) Jacques Grévin né à Clermont (Picardie) en 1538 mort en 1570 à Turin ou il avait accompagné en qualité de médecin, Marguerite de France, celle que J. du Bellay aimait tant.
(2) Lutte.

Il avait à peine trente-cinq ans. Six semaines auparavant le cardinal du Bellay était mort à Rome, et, comme pour reconnaître son injustice à l'égard de son neveu, il s'était démis en sa faveur de l'archevêché de Bordeaux.

La mort de Joachim du Bellay fut un véritable deuil pour la pléiade. Tous les poètes le pleurèrent à l'envi. Remi Belleau lui consacra un *chant pastoral* :

Ainsi Pasteurs cueillez et recueillez encor'
Le reste de l'orage et le riche thrésor
De ses vers doux-coulants, qui vivront d'âge en âge.

Ronsard le célébra dans ses vers solennels, et Collétet dans sa vie manuscrite du poète angevin nous a religieusement donné la liste des pièces de vers qui composent son *Tombeau poétique*.

Il n'a oublié qu'une chose c'est de nous dire exactement où furent inhumés ses restes mortels, Goujet dit bien qu'il fut enterré à Notre-Dame de Paris, en la chapelle de Saint-Crépin et Saint-Crépinien, au côté droit du chœur, près de Louis du Bellay ; mais M. Marty-Laveaux qui a consulté MM. de Gaulle et Mabille auteurs de l'*Epitaphier* de Paris, nous apprend que ces Messieurs n'ont pu lui fournir que l'épitaphe de René du Bellay, évêque du Mans et celle de Louis du Bellay archidiacre de Notre-Dame et conseiller au parlement de Paris dont le tombeau était bien, comme le dit Goujet, au milieu de la chapelle de Saint-Crépin ; il faudrait donc retrouver l'épitaphe de Joachim du Bellay pour savoir s'il fut enterré ou non dans une chapelle de Notre-Dame. En attendant voici, pour nous en tenir lieu, celle qu'il se fit à lui-même et que nous donne Piganiol de la Force dans sa *Description de Paris :*

> Clara progenie, et domo vetusta
> (Quod nomen tibi sat meum indicarit)
> Natus, contegor hâc (viator) urna.
> Sum Bellaius et poeta : jam me
> Sat nosti, puto. Num bonus poeta,
> Hoc versus tibi sat mei indicarint.
> Hoc solum tibi sed queam (viator)
> De me dicere : me pium fuisse,
> Nec læsisse pios : pius si et ipse es,
> Manes lædère tu meos caveto (1).

Joachim du Bellay avait bien employé sa journée humaine. Dans le court espace de douze ans qui séparait sa rencontre avec Ronsard de sa mort il avait produit la *Défense*, l'*Olive*, les *Antiquités*, les *Jeux rustiques* sans parler de son œuvre latine où il a caché les misères et les seules joies de son existence. Ces trois derniers recueils datent de Rome. Les *Antiquités* avaient été son cri d'enthousiasme, son premier salut à la Ville Eternelle (2) :

(1) Issu d'une illustre race et d'une maison ancienne,
   (Ce que mon nom t'aura suffisamment indiqué)
   Passant, je repose dans cette urne.
   Je suis du Bellay, le poète ; tu me connais
   Assez, je pense. Si je fus bon poète
   Mes vers te l'auront suffisamment appris.
   Je ne te demande qu'une chose, passant,
   C'est de dire de moi : il fut juste
   Et n'offensa jamais les justes ! et si tu es juste aussi toi
   Prends garde d'offenser mes Mânes.

(2) Les *Antiquités de Rome* et le *Songe* qui leur fait suite furent traduits en 1591 par le grand poète anglais, Edm. Spencer, sous le titre de *Ruines of Rome*. Déjà en 1569, Spencer qui n'avait que dix-sept ans, avait donné une première traduction du *Songe*.

Nouvéau venu qui cerche Rome en Rome,
Et rien de Rome en Rome n'apperçois,
Ces vieux palais, ces vieux arcs que tu vois,
Et ces vieux murs, c'est ce que Rome on nomme.

Voy quel orgueil, quelle ruine et comme
Celle qui mist le monde sous ses lois
Pour donter tout, se donta quelquefois,
Et devint proye au temps qui tout consomme.

Rome de Rome est le seul monument,
Et Rome Rome a vaincu seulement.
Le Tybre seul, qui vers la mer s'enfuit,

Reste de Rome. O mondaine inconstance !
Ce qui est ferme est par le temps destruit,
Et ce qui fuit au temps fait résistance !

Comme tous les étrangers qui visitent Rome, il avait
été pris, à l'aspect de ses ruines grandioses, de cette
fièvre chrétienne de l'art dont parle Frédéric Ozanam

Que n'ay-je encor la harpe thracienne,
Pour resveiller de l'enfer paresseux
Ces vieux Césars et les ombres de ceux,
Qui ont basti cette ville ancienne !

Ou que je n'ay celle amphionienne
Pour animer d'un accord plus heureux
De ces vieux murs les ossements pierreux
Et restaurer la gloire ausonienne.

Peussé-je au moins d'un pinceau plus agile
Sur le patron de quelque grand Virgile
De ces palais les portraicts façonner :

J'entreprendrois, veu l'ardeur qui m'allume,
De rebastir au compas de la plume
Ce que les mains ne peuvent maçonner.

Que c'est bien là l'artiste épris du beau ! mais le cadre paien valait mieux que la toile chrétienne. Quelle déception pour du Bellay quand il a mis le pied dans le cloaque impur de la cité des papes ! Il s'était figuré une ville austère, une nouvelle Sion sanctifiée par ses souvenirs religieux et voilà que « dessous l'orgueil des trois couronnes d'or, il ne découvre que l'ambition, la haine et la feintise (1). »

Les *Regrets* sont nés de ce désenchantement, aussi, pour avoir la mesure de l'esprit du poète, pour connaître sa pensée intime sur les hommes et les choses de son temps, nous faudra-t-il revenir toujours à ces Mémoires satiriques écrits jour à jour par une plume vigoureuse et maîtresse d'elle-même.

Quant aux *Jeux rustiques* (2), qui, de l'avis de Sainte-Beuve, constituent après les *Regrets* l'œuvre la plus sérieuse de du Bellay, il semble que le poète ait pris à tâche de s'y essayer dans tous les genres et sur tous les rythmes. L'ode, la villanelle, la chanson, l'élégie, l'épithalame, l'épitaphe et l'idylle y ont été abordées par lui avec un rare bonheur. Rien de plus gracieux, de plus vif que son *Epitaphe d'un chat;* rien de plus spirituel que son *Hymne de la surdité;* et sa chanson du *Vanneur de blé?* Y a-t-il dans la poésie française quelque chose de plus alerte et de plus *dansant?*

> A vous, troupe légère,
> Qui d'aile passagère
> Par le monde volez,

(1) Les *Regrets,* sonnet LXXVIII.
(2) La première édition des *Jeux rustiques* est de 1558.

Et d'un sifflant murmure
L'ombrageuse verdure
Doucement ébranlez :

J'offre ces violettes,
Ces lis et ces fleurettes,
Et ces roses ici,
Ces merveillettes roses
Tout freschement écloses,
Et ces œillets aussi.

De votre douce haleine
Eventez cette plaine,
Eventez ce séjour,
Cependant que j'ahanne (1)
A mon bled que je vanne
A la chaleur du jour.

N'est-ce pas de la musique charmante ? Victor Hugo
qui a pris cette chanson pour épigraphe de sa ballade
de *Trilby* n'a rien fait de mieux dans ce genre.

Mais c'est surtout dans l'épître que Joachim du
Bellay a gagné ses lettres de maîtrise. « Le *Poète cour-*
« *tisan* peut être considéré, dit Sainte-Beuve (2),
« comme une de nos premières et de nos meilleures
« satires régulières où classiques. L'alexandrin y est
« manié avec la gravité et l'aisance qu'il avait durant
« ces premiers temps de rénovation. Malherbe ne lui
« avait pas encore imposé, comme loi de sa marche, le
« double repos invariable du milieu et de la fin du vers.
« Si le mouvement de la pensée était plus fort, la césure,

(1) Que je m'essouffle.
(2) *Tableau de la poésie française, au* XVIᵉ *siècle*, t. II. p. 105-
107. Edition Lemerre.

« obéissante et mobile, se déplaçait ; et, bien qu'elle ne
« disparût jamais complètement après le premier hé-
« mistiche, elle ne faisait dans ce sens qu'y glisser en
« courant, y laisser un vestige d'elle-même, et s'en
« allait tomber et peser ailleurs, selon les inflexions du
« sens et du sentiment. La rime aussi, au lieu d'être
« un signal d'arrêt et de sonner la halte, intervenait
« souvent dans le cours d'un sens à peine commencé,
« et alors, loin de l'interrompre, l'accélérait plutôt en
« l'accompagnant d'un son large et plein. Cet alexan-
« drin primitif à la césure variable, au libre enjambe-
« ment, à la rime riche qui fut d'habitude celui de du
« Bellay, de Ronsard, de d'Aubigné, de Regnier, celui
« de Molière dans ses comédies en vers, et de Racine en
« ses *Plaideurs*, que Malherbe et Boileau eurent le
« tort de mal comprendre et de toujours combattre,
« qu'André Chénier, à la fin du dernier siècle, recréa
« avec une incroyable audace et un bonheur inoui ;
« cet alexandrin est le même que la jeune école de
« poésie affectionne et cultive, et que tout récem-
« ment (1) Victor Hugo par son *Cromwell*, Emile
« Deschamps et Alfred de Vigny par leur traduction en
« vers de *Roméo et Juliette*, ont visé à réintroduire
« dans le style dramatique. Nos vieux poètes ne s'en
« sont guère servis que pour l'épître et la satire, mais
« ils en ont connu les ressources infinies et saisi toutes
« les beautés franches. On est heureux en les lisant, de
« voir à chaque pas se confirmer victorieusement une
« tentative d'hier et de la trouver si évidemment con-

(1) La première édition du *Tableau de la poésie française* de
Sainte-Beuve, est de 1828.

« forme à l'esprit et aux origines de notre versification. »

J'ai cité tout au long ce remarquable passage du livre de Sainte-Beuve, parce que le célèbre critique y fait valoir avec plus d'autorité que personne le talent et les qualités maîtresses de Joachim du Bellay et qu'il nous explique comment notre poète échappa au ridicule sous lequel tombèrent, pour ne plus se relever, la plupart de ses contemporains.

Il semble d'ailleurs que Joachim du Bellay ait eu conscience de sa fortune littéraire quand il adressait ces vers au seigneur Bouju (1), son compatriote :

De mourir ne suis en esmoy
Selon la loy du sort humain,
Car la meilleure part de moy
Ne craint point la fatale main :
Craigne la mort, la fortune et l'envie
A qui les dieux n'ont donné qu'une vie.

Mon nom du vil peuple incognu
N'ira sous terre inhonoré ;
Les Sœurs du mont deux fois cornu
M'ont de sépulchre décoré
Qui ne craint point les Aquilons puissans
Ni le long cours des siècles renaissans.

Pourquoi donc avait-il pris cette lamentable devise : *Spes et fortuna valete !* Ce n'est pas adieu mais au revoir qu'il devait dire, en mourant, à l'espérance et à la gloire, car la mort ne fut pour lui que le passage de la vie à l'immortalité.

(1) Jacques Bouju, angevin, 1515-1578, auteur de poésies grecques, latines, françaises, dont beaucoup sont restées inédites.

TERMES ET LOCUTIONS

DU XVIᵉ SIÈCLE

EN USAGE AUJOURD'HUI

CHEZ LES ANGEVINS ET LES BRETONS

DE LA LOIRE (1).

ASTEURE pour *à cette heure.*

> O loup, j'en ay déjà besoin
> Dit le porc-espy, tout *asteure.*
>> (BAÏF, p. 315).

AVESNE pour *avoine.*

> Que la malheureuse *avesne*
> Ne foisonne par la plaine.
>> (J. DU BELLAY, p. 263).

AVOUS pour *avez-vous?*

> *Avous* encore en mon absence
> De votre Baïf souvenance?
>> (BAÏF, p. 149).

(1) Je renvoie le lecteur aux éditions de *Ronsard, du Bellay, Baïf* et des *Poètes français du XVIᵉ siècle, contemporains de Ronsard,* publiées par M. Becq de Fouquières, chez Charpentier.

Bourriers, le *ramasse-bourriers*, pour ordures, la pelle aux ordures.

> Sépare les *bourriers* du sein de la déesse
> (Ronsard, p. 377).

Brouillas pour *brouillards*.

> Ce bel esmail qui est espars
> De toutes parts,
> Mille et mille belles couleurs
> De tant de fleurs,
>
> . . . .
>
> Le *brouillas* d'une seule nuit
> Nous les détruit.
> (Etienne Pasquier, p. 307).

Buie et Bue. Cruche à trois anses en terre cuite.

> Elle s'en revint prendre sa *buie*.
> (Baïf, p. 32).

Chamberière pour *chambrière* (domestique). Se dit aussi du bâton ferré qu'on met à l'arrière des charrettes pour les empêcher d'*aller à cul*.

> Quelques badines de *chamberières*.
> (Baïf, p. 227).

Chet, Cheut pour il tombe.

> Plaisir s'ébranle et *chet* sur la cruelle.
> (Baïf, p. 38).

> Qui ne les eût à ce vespre cueillies, (*fleurs*).
> *Cheutes* à terre elles fussent demain.
> (Ronsard, p. 175).

Dessur pour *dessus*.

> Disant quelques chansons en filant *dessur* toy.
> (Ronsard, p. 39).

DOUILLETTE pour *délicate, chétive* (Une jeune fille douillette).

> De main *douillette* et de mignonne peau.
> (RONSARD, p. 7).

EMMY pour *au milieu de.*

> Et voir Phœbus *emmy* la danse·
> Qui guide premier la cadence
> Et qui les fait danser aux sons
> De son luth ou de ses chansons.
> (Olivier DE MAGNY, p. 81).

FOURMAGE pour *fromage.*

FOURMENT pour *froment.*

> Mais seulement le rond d'un vieux *fourmage.* —
> D'un moncelet de *fourment* il va prendre.
> (Joachim DU BELLAY, p. 259-260).

FRIQUET : cuiller plate et ronde, percée de petits trous qui sert à écumer le pot au feu et à égouter les légumes.

> Ces deux poiles dont l'une entière
> L'autre est trouée, et ce *friquet.*
> (BAÏF, p. 245).

GRATIGNER pour *égratigner.*

> Car sans cesse il *gratignait*
> Quand ce désir le poignait.
> (J. DU BELLAY, p. 290).

GUARIR pour *guérir.*

> *Guary* ma plaie et me prends à mercy.
> (RONSARD, p. 209).

LANDIER : gros chenet de cuisine à crochets qui sert à mettre la broche. — Morceau de lard fumé avec lequel on graisse la galetoire pour faire les galettes de blé noir.

> Et ces *landiers* à double pié.
>
> (Baïf, p. 245).

Licher pour *lécher*.

> Le flot. . . . .
> La *lichant* se joue à l'entour du rivage.
>
> (Ronsard, p. 224).

Malureux pour *malheureux*.

> O moi, *malureux* home,
> Je n'ay paix ni repos !
>
> (Baïf, p. 331).

Marcoux pour *matoux*. (Quand on parle d'un chat, à Ancenis et à Liré, on dit toujours le marcou).

> Et de nuit n'allait point criant
> Comme ces gros *marcoux* terribles
> En longs myaulements horribles.
>
> (J. du Bellay, p. 296).

Musser pour *se cacher*.

> Tu vois en ce temps nouveau
> L'essaim beau
> De ces pillardes avettes (abeilles).
> Volleter de fleur en fleur
> Pour l'odeur
> Qu'ils *mussent* en leurs cuissettes.
>
> (Remy Belleau, *avril*, p. 110).

Paisan, Paisant pour *pa-y-san*.

> Par elle (la lune) le *paisant*, quand son croissant
> [éclère.
> Cognoist pour tout le mois quel tems c'est qu'il
> [doit faire.
>
> (Baïf, p. 10).

POISON (la) pour *le poison*. (Ne s'emploie dans le peuple et dans les campagnes qu'au féminin).

> Je veux charmer, si je puis, la *poison*
> Dont un bel œil enchante ma raison.
> (RONSARD, p. 16).

POUREUX pour *peureux*.

> Si Castor et Pollux. . . . .
> Ne viennent rassurer les matelots *poureux*.
> (BAÏF, p. 14).

POURMENER pour *promener*.

> Je me pourmeine seul sur la rive latine.
> (J. DU BELLAY, p. 212).

PRÉE (la) pour *le pré*, la *prairie*. Se dit à Ancenis tout particulièrement de la prairie des religieuses ou de la Davrais.

> Le ciel en rit, *la prée* et le bocage.
> (BAÏF, p. 152).

> L'honneur des champs et des *prées*
> (J. DU BELLAY, p. 136).

REMASCHER pour *repasser dans son esprit. Ruminer.*

> . . . . . La magnanime beste
> *Remasche* sa fureur.
> (J. DU BELLAY, p. 141).

ROUSÉE pour *rosée*.

> Les bleds ayment la *rousée*.
> (J. DU BELLAY, p. 144).

SOUVENTES FOIS pour *souvent*.

> Je fus *souventes fois* retansé de mon père
> Voyant que j'aimais trop les deux filles d'Homère.
> (RONSARD, p. 324).

TECT pour *toit*. (Le tect aux vaches).

> ..... Que tout soit mis en cendre,
> Ma herse et ma charrue et leur joug et mes
> [bœufs,
> Et ma loge et mon *tect !* c'est la fin de mes
> [vœux.
>
> (BAÏF, p. 298).

TRETOUS, *tertous* pour tous.

> Enfans d'Adam *tretouts* nous sommes.
>
> (BAÏF, p. 298).

UN CHACUN, *tout un chacun* pour *chacun, tout le monde*.

> Quand l'œil du père qui prends garde
> Sur *un chacun*.
>
> (RONSARD, p. 89).

VELA pour *voilà*.

> *Vela* Bontamps qui se déchiffre.
>
> (BAÏF, p. 221).

VESPRÉE pour *soirée*.

> Mignons allons voir si la rose
>
> . . . .
>
> A point perdu, cette vesprée
> Les plis de sa robe pourprée.
>
> (RONSARD, p. 97).

VIRER pour *tourner*. — Viré la peautre en galerne !
disent les mariniers de la Loire, pour commander à
celui qui tient le gouvernail de le tourner vers le
nord.

> Mon Dieu, quel passe-temps c'estoit
> Quand ce Belaud *vire-voltoit*
> Follastre autour d'une pelote.
>
> (J. DU BELLAY, p. 294).

ANCENIS. [1]

Ce n'est pas une grande ville :
Elle tiendrait facilement
Dans Paris, n'ayant que cinq mille,
Oui cinq mille âmes seulement.

Mais c'est une ville coquette
Et mignonne à proportion ;
On y trouve à discrétion
Les cancans et la femme honnête.

Les vêtements n'y sont pas chers,
Le tailleur pour rien vous habille,
Seulement vous sentez l'aiguille
Vous entrer souvent dans les chairs.

[1] Cette pièce de poésie fait partie d'un livre intitulé *Amour et Patrie.*

8

La ville est agréable, en somme.
On y boit le vin du coteau
Lequel, sans ouvrir le couteau,
A déjà tué plus d'un homme.

C'est un tout petit vin clairet
Dont la grappe est jaune à l'automne,
Et qu'on boit à même la tonne
Sous la table du cabaret.

De tous côtés sont des collines,
La ville est dans un entonnoir,
Un grand fleuve sert de miroir
A de vieilles tours en ruines.

Ce château, du temps des barons,
Etait la clé de la Bretagne ;
Aujourd'hui les sœurs de Chavagne
Y font leurs saints heptamérons.

Ancenis n'a plus de couronne,
Les seigneurs sont morts, Dieu merci !
Car elle est plus heureuse ainsi
Que du temps qu'elle était baronne.

La Loire a cessé d'investir
Ses tours où poussent les orties,
Depuis qu'on les a converties
— Comment dirai-je ? — en repentir.

Elle vient quand même à la rive
Échouer amoureusement
Et coule si nonchalamment
Que son onde paraît captive.

Et, les bords anceniens franchis,
Elle emporte en mer avec elle
La silhouette et la dentelle
Des objets qu'elle a réfléchis.

J'ai parlé de tout, hors des femmes.
Elles auront mon dernier mot.
Je crois vous avoir dit plus haut
Qu'elles étaient d'honnêtes âmes.

Chez elles la fleur de vertu
S'épanouit en pleine terre.
Le cœur large, du caractère,
Mais la langue ? — un couteau pointu.

Il faut les entendre à leur porte
S'entretenir en comité.
— Et votre homme ? — il est alité.
— Et votre voisine ? — elle est morte.

— Ah ! la pauvrette ! savez-vous ?
— Quoi ? — Mathurine se marie.
— Avec qui ? — Tout le monde en crie,
Elle épouse un sac de gros sous.

— Ah! la coquette! ah! la coquine!
Encore un sot d'ensorcelé.
En a-t-elle déjà volé
De ces hommes qu'elle assassine?

C'est ainsi du soir au matin ;
A propos d'un glas, d'un baptême,
Qu'on le déteste ou bien qu'on l'aime,
On s'occupe de son voisin.

La belle ville, allez-vous dire,
Que celle dont les habitants
Passent la moitié de leur temps
Dans les cancans et la satire !

Oui ! n'en soyez point étonné,
Je n'en sais pas de plus jolie
En France comme en Italie;
Et je l'aime car j'y suis né.

LÉON SÉCHÉ.

TABLE DES MATIÈRES

EAUX-FORTES :

La première représente les ruines du manoir de la Turmelière.

La seconde, le château moderne récemment restauré.

DOLE. — TYP. CH. BLIND.

ERRATUM

Page 13. — Au lieu de : *en 1792*, nous les trouvons aux mains de François de la Bourdonnaie, il faut lire : *en 1772*.